D1620239

OF

JAKOB ESCHENMOSER

Aargauer Skizzen

ORELL FÜSSLI VERLAG ZÜRICH

Umschlagzeichnung:
Typische alte Häusergruppe in Gränichen

© Orell Füssli Verlag Zürich, 1977
Gesamtherstellung: Orell Füssli graphische Betriebe AG, Zürich
Printed in Switzerland
ISBN 3 280 00881 6

Es wäre ein Symptom geistiger Verarmung, wollte man kulturelle Substanz in ihrem Wert und ihrer reichen Vielfalt nicht mehr wahrnehmen und pflegen. Kultur ist eine Sache des Geistes und als solche nicht auf die grossen Städte beschränkt. Sie prägt ebensosehr das Gesicht der Kleinstädte und Dörfer wie das Bild der Landschaft.

MIT STIFT UND SKIZZENBUCH DURCH DEN AARGAU

Wenn etwa ein Ostschweizer, wie dies auf den Verfasser zu-
trifft, oder ein anderer Nicht-Aargauer sich anschickt,
den Kanton Aargau einer kennen zu lernen, tut sich
ihm förmlich eine neue Welt auf. Für ihn ist diese Er-
kenntnis umso überraschender, als der Aargau nicht irgend ein entlegenes Randgebiet der Schweiz, sondern eine
Region ist, durch welche die wichtigsten West-Ost- und Nord-
Süd-Verbindungen führen. Nun ja; man hat diese Verbin-
dungen unzählige Male benützt und sich dabei, vielleicht
etwas voreilig, ein Bild gemacht, das unvermeidlich stark
geprägt war durch die an diesen Hauptachsen angesiedel-
ten Industrien.

Ganz lässt sich dieser Eindruck auch in der Folge nicht ver-
wischen, ist doch die Ausstrahlung der grossen Industriezen-
tren auf das übrige Land bedeutend stärker, als vermutet
werden konnte. Doch dies ist nicht das Wesentliche; weit über-
ragender ist der Eindruck von einer gemeinhin als ,flaches
Mittelland' begriffenen, geographisch und topographisch
reich gegliederten Landschaft. Wohl sind da weite, lange
Täler, aber sie sind immer wieder begleitet von Seitentälern, Geländebuchten und, vor allem, von bewaldeten
Hügelzügen. Damit sind Räume geschaffen, die das Land
vielfältig, liebenswert und überaus wohnlich machen.

Nicht zu übersehen sind auch die kulturelle Reichhaltigkeit und die Verschiedenartigkeit der Regionen.
Sind schon politische Grenzen kaum je Kulturgrenzen, so
kommt im Aargau hinzu, dass er als ehemaliges Unter-

tausenland vielfältigen Einflüssen ausgesetzt war. Ohne auf historische Gegebenheiten eingehen zu wollen und abgesehen von den sich aus der Art der Landbewirtschaftung ergebenden Eigentümlichkeiten der Siedlungs- und Hausformen, vornehmlich des Bauernhauses, sind die Einwirkungen der benachbarten Gebiete, wie der Innerschweiz, Berns, Basels und – etwas weniger ausgeprägt – Zürichs, unverkennbar.

Wohl das Eigenständigste, was man unter dem Aargauer Bauernhaus versteht, ist das – ehemalige – Strohdachhaus.

Die zeitlich gerafften und ganz unsystematisch unternommenen Streifzüge durch den vielgestaltigen Kanton konnten natürlich nicht erschöpfend sein. Die Darstellungen beschränken sich auf einige, wenn möglich typische Aspekte. Wenn der Betrachter dieser Blätter dazu angeregt würde, selbst auch auf Entdeckungen auszugehen, wäre ein guter Zweck erreicht. Er wird auch bemerken, dass die Motivwahl nicht vorwiegend auf das landläufig Bekannte, Attraktive, sondern eher auf das Nebensächliche, gar Unscheinbare ausgerichtet ist. Es hätten andernfalls auch die vielen Burgen und Schlösser zur Darstellung kommen müssen. Eine Ausnahme machen die Städtchen und Städte an den Flussübergängen, an denen der Aargau besonders reich ist.

Unweigerlich stellte sich die Gewissensfrage, ob nicht auch das Missfällige, Unschöne, vornehmlich dort, wo es sich als Gegensatz zum Wohllautenden manifestiert, dargestellt werden solle. Mit wenigen Ausnahmen habe ich davon abgesehen. Ohne das Idyllische oder Malerische überbewerten zu wollen, ist es für Auge und Gemüt besser, sich dem Schö-

nen zuzuwenden; Missratenes erleben wir ohnehin bis
zum Ueberdruss.

Manches Blatt ist aus reiner Freude am Zeichnen entstanden.
Die Faszination der Perspektive, das Abtasten der Möglichkeiten, das Wechselspiel von Licht und Schatten, die Aus-
einandersetzung mit dem Atmosphärischen sind immer
wieder neue Erlebnisse. Mit Glück mag man ein Motiv
zum richtigen Zeitpunkt, im richtigen Licht antreffen,
ein anderes erfordert ein Wiederkommen, ein mehrmali-
ges Hinsehen, sozusagen eine gedankliche Vorbereitung.
Wollte man auch die wechselnden subjektiven und ob-
jektiven Stimmungen, so auch die Jahreszeiten festhal-
ten — ein Leben würde nicht ausreichen, um auch nur
ein kleines Gebiet zu erfassen.

Das Buch will indessen kein Bilderbuch sein, auch wenn
es ohne jegliches Eingehen auf Historisches oder Kunstge-
schichtliches nur das Heute und Jetzt, das vordergründig
Sichtbare zeigt. Der Betrachter möge, soweit dies geht, teil-
haben an den Beweggründen, die zu diesem oder jenem
Sujet geführt haben, und vielleicht auch an einigen Gedanken, die nebenbei mitgegangen sind.

Entgegen der zeitlichen Entstehung sind die Zeichnungen im Nachfolgenden einigermassen nach geographi-
schen Räumen gruppiert, deren Umgrenzung jedoch nur
als sehr summarisch zu betrachten ist.

IM AARE- UND LIMMATTAL

Der Leser möge dem Verfasser bei dieser pauschalen und raffenden Gebietsbezeichnung nicht allzusehr behaften. Es ist wohl die bekannteste Region und zudem jene, welche zukunftsfanatische Planer bereits als Bestandteil einer Mittelland-Bandstadt gesehen haben. Dazu wird es nicht kommen. Wenn nicht die Umstände, dann werden es hoffentlich bessere Einsichten und Erfahrungen sein, die dies verhindern.

Es ist auch die Region, in welche sich die Grossindustrie am sichtbarsten etabliert hat. Aber noch dürfen wir uns freuen ob dem Reichtum an kulturellen Schwerpunkten, an der Vielfalt von landschaftlichen und baulichen Kontrasten. Und in diesem Spektrum, obwohl sich die Darstellungen zur Hauptsache an das Herkömmliche halten, möchte ich nicht einmal die Industrie missen.

Aarburg

Nachspürend nach der Kantonszugehörigkeit Aarburgs – für einen Ausserkantonalen ist sie nicht so selbstverständlich – wundert man sich über den Grenzverlauf im westlichen Teil des Aaretals. Knapp westlich Aaraus verlässt die Grenze die Aare und stösst erst südlich Oltens wieder an den Fluss. Jedenfalls ist Aarburg wieder aargauisch und zudem einer der markantesten seiner berühmten Grenzorte. In seltener Eindrücklichkeit überwacht die Burg das an ihren Fuss gedrängte Städtchen und die schmale, felsige Klus.

Aarburg JC
76

Aarburg. Aareseitige Front des Städtchens. Diesen Blick
muss man sich mit der Durchquerung der dichten Be-
waldung des westlichen Ufers verschaffen.

Aarburg 76

Aarau

Hauptstadt und von den Aarauern selbst „Stadt der
schönen Giebel" genannt. Sie bietet eine Fülle von Sehens-
werten, Zeichnenswerten. Vieles aber ist derart gut be-
kannt, dass ich mich auf Andeutungen beschränken
kann.

Aarau ist zwar Brückenstadt, aber diese Situation ist
visuell nurmehr schwer zu fassen. Zu vieles ist vor dem
Bau und nach dem Abbruch der einst berühmten Ketten-
brücke verändert worden.

Augenfällig markanter und unverletzlicher ist die Ba-
stion gegen Westen, die sich aus Felsen und Mauern in ge-
drängter Wucht auftürmt zum Plateau der Stadtkirche,
die ihrerseits das Motiv des Aufstrebens und der Wehrhaftigkeit übernimmt und weiterführt.

Der westliche Aufgang zur Stadtkirche

Aarau JE
76

Aarau. Das Schlössli und die restaurierte Stadtmühle

Aarau 76

Aarau. Rathausgasse

Aarau 76

Wildegg

Die Zementfabriken dürften die landläufig bekanntesten und symbolträchtigsten Industriebetriebe der Mittelland-Region sein. Gezeichnet an einem trüben Regentag, nicht aus Absicht, um die Industrie zu verdüstern, sondern bei ganz zufällig sich ergebender Gelegenheit.

Veltheim

In kaum zwei Kilometern Entfernung von dem durch die Industrie geprägten Wildegg findet sich das in seiner baulich- rustikalen Allüre bäuerlich gebliebene Dorf.

Veltheim 76

Schinznach - Bad

Es mag ausgefallen scheinen, sich im Bereich dieses be-
kannten Bades ausgerechnet die sogenannte Mannena-
Scheune vorzunehmen. Ich habe aber gesehen, dass diese
Art Scheunen für die Gegend typisch ist. Und ich frage mich,
welche Bewandtnis es mit den Treppengiebeln haben möge.
Sollen sie eine von Zinnen abgeleitete, ins Dekorative ge-
wandelte Wehrhaftigkeit symbolisieren? Sei dem wie
ihm wolle — das Motiv ist immer wieder reizvoll.

Mancua - Scheune
Schinznach - Bad

Brügg

Klassische Brückenstadt, prädestiniert durch die schmale, felsige Aareschlucht. Ich versuche, die Situation in den Griff zu bekommen, aber die Brücke gelangt weder von Ost noch West in einen sinnvollen Blickwinkel. Ich steige den nordseitigen steilen Hang hinauf, ein Hang so richtig geeignet für Reben. Aber er ist überbaut mit Häusern und Häuschen; schade. Auch die aussichtsreiche Anhöhe gibt den Blick auf die Brücke nicht frei, wohl aber auf die Altstadt. Ihr Weichbild ist jedoch zu sehr verwischt und eingefasst durch sie überragende Neubauten, so dass keine Lust zur Darstellung aufkommen will. Erst später entdecke ich den Blick aus der Vorstadt, direkt in der Brückenachse hinüber zu der sich öffnenden Altstadt.

Ein stiller Bezirk abseits der wegen des Durchgangsverkehrs leider unerträglich lärmigen Hauptgasse ist die Hofstatt. Eine Oase der Ruhe und des ästhetischen Genusses. Als Ersatz für die entgangene Sicht auf die Stadtbrücke stosse ich auf den westlich der Stadt die Aare überquerenden Eisenbahnviadukt. Die unerhörte Wucht dieses technischen Bauwerkes kontrastiert auf eigenartige Weise mit dem unterliegenden, fussgängerfreundlichen, mitten durch die Brückenpfeiler führenden Steg.

Blick aus der Vorstadt zum nördlichen Stadteingang

Brüss JC 76

Brugg. Hofstatt mit ehemaligem Zeughaus

Brüss JE
76

Brügg. Der Eisenbahnviadükt

Baden

Das alte Baden hat, wie Brügg, die Merkmale einer markanten Brückenstadt. Nur; hier ist es ruhig geworden;
der Verkehr drängt sich nicht mehr über die Holzbrücke
und die anschliessenden, steilen Gassen hinauf.
Man freut sich am schönen, guterhaltenen Stadtbild und
unterdrückt ein leises Bedauern darüber, dass die reizvolle, geländemässige Situation durch die Hochbrücke eine
gewisse Einbusse erlitten hat.

Baden 76

Baden. In der Altstadt

Baden 76

Spreitenbach

Auch das ist der Aargau, der „andere Aargau" sozusagen.
Begonnen hat „es" mit den zwei Hochhäusern am Fuße
des Büechbüels. Man hätte mit diesem hübschen, grünen,
am Rande des Limmattales stehenden Hügel nicht derart frivol umspringen dürfen. Er ist das einzige kleine
Landschaftselement vor dem breiten Rücken des Heiters-
berges, und seine Maßstäblichkeit wird durch die zwei über-
dimensionierten Bauten empfindlich gestört.

Spreitenbach
76

Dann kam das neue Spreitenbach, ein Konglomerat von Hochhäusern. Häßlich? Ich möchte das nicht sagen. Der Mensch liebt irgendwie von klein auf das Spiel mit Klötzchen, und anscheinend geht ihm die Freude daran nie ganz verloren. Man hat als Vorzug des Hochhauses immer die dadurch freibleibenden Flächen und Durchblicke gepriesen. Aber was sind Freiflächen zwischen himmelhohen Wänden, und wo sind hier die Durchblicke geblieben?

Ein ins Gigantische gesteigertes Klötzlispiel. Nein, häßlich ist es nicht, aber im Gedanken an die Bewohner stimmt es bitter und traurig, daß es zu solchen Wohnformen gekommen ist. Kommen mußte?

Es soll nicht verschwiegen werden, daß es das andere Spreitenbach auch noch gibt, das Bauerndorf, und es ist erstaunlicherweise noch leidlich gut erhalten. Bauernhäuser, Ställe und davor Miststöcke, sogar ein offener Dorfbach. Aber die zwei Welten werden nie zusammenkommen.

Spreitenbad 76

Würenlos

In kaum mehr als einer Viertelstunde zu Fuss vom Bahnhof Spreitenbach aus erreicht man nach Ueberquerung der Limmat und des nördlich gelegenen, niedrigen, bewaldeten Hügelzuges dieses Dorf. Ein frappanterer Gegensatz zum lärmigen, industrialisierten Limmattal ist kaum denkbar. Man erblickt unvermittelt eine sanfte Geländemulde und darin eingebettet ein überaus wohnliches Dorf.

In diesem finden sich Spuren von ehemaligen Strohdach-Häusern, Hinweis auf das nahe Hüttikon mit dem einzigen, auf zürcher Boden noch bestehenden Strohdachhaus. Ueberhaupt – wie beim Speicher – deutliche Bezüge zum Fürttal, dem ja Würenlos auch geographisch zugehört.

Würenlos JC
76

Speicher in Würenlos

Würenlos ℋ
76

IN DEN SÜDLICHEN TÄLERN

Um die eher negative Seite eines zwiespältigen Eindruckes vorwegzunehmen: Selten so eindrücklich wie hier in den Tälern, also abseits der eigentlichen Zentren, fällt das Ausmaß der Industrialisierung in der Landschaft in die Augen. Nun ist ja nicht die Industrie, das heißt ihre Erscheinungsform an sich, etwas Schlechtes, und man darf sie gewiß nicht verteufeln, bietet sie doch Arbeitsplätze, Verdienst, Wohlstand. Schlimm hingegen sind oftmals die Folgeerscheinungen, die auf offensichtlich mangelnde oder verfehlte Planung zurückzuführen sind. Es wird hier nicht anders als vielerorts im Lande sein: zu groß ausgesteckte Bauzonen, und wenn dann das Bauen ausgerechnet an den Rändern dieser Zonen einsetzt, ist bald einmal der Eindruck heilloser Zersiedelung und des Landverschleißes da.

Doch über solche Mißfälligkeiten hinweg entschädigt immer wieder die Natur, welche über allem Menschenwerk dominiert. Insbesondere das Suhren- und das Wynental (letzteres wenigstens in seinem unteren Teil) überraschen mit einer unerwartet vielgestaltigen Landschaft. Die die breite Talsohle begleitenden und stark bewaldeten Hügelzüge sind reich gegliedert durch zahllose Seitentälchen, deren jedes wieder neue Erlebnisräume verheißt.

Die alten Siedlungen sind fast durchwegs an den Rändern der Talsohle entstanden. Das in jahrhundertelangem Bemühen dem Überschwemmungs- und Sumpfgebiet abgerungene, wertvolle Kulturland würde sorgfältig geschont

— bis in die Neuzeit hinein, in welcher der Begriff „Bau-
land" wichtiger wurde als das herkömmliche „Ackerland".

Andererseits geben erstaunlicherweise die ver-
meintlich „flache" Unterland durchziehenden Hügelzüge
doch noch so viel Steilhänge her, daß auch hier die Ter-
rassensiedelung Einzug halten konnte. Das einstige geflü-
gelte Wort: „Jedem Dorf sein Hochhaus" scheint abgelöst
durch die neue Form des Terrassenhauses. Und die Sorg-
losigkeit hinsichtlich der Auswirkungen auf die Landschaft
scheint ebenso groß zu sein wie beim Hochhaus.
Es ist so eine Sache mit diesen Terrassenhäusern. Die
geeigneten Abhänge sind meist nicht sehr hoch, und
wenn sie dann vom Fuß bis zur Krete oder zum Wald-
rand genützt werden, setzt dies ganz erhebliche Kleckse
in die Landschaft. Die zerreißende, aufdringliche Wirkung
wäre um einiges milder, wenn die Erbauer wenigstens die
Gnade hätten, nicht alles was Mauer ist, in Mittelmeerweiß
zu streichen oder betonroh zu belassen. Sicher wäre auch
eine Zersiedelung solcher Hänge mit Einfamilienhäusern
nicht erfreulich; immerhin wäre dann eher eine Durchgrü-
nung zu erwarten.
Das Wynen- und Sutwental wie auch das Seetal sind wohl
die Kernlande des Strohdachhauses. Die Bauart dieses
Haustyps beruht auf dem Prinzip der Hochstud-Konstruk-
tion, bei welcher die Innenstützen vom Erdgeschoßboden bis
unter den First reichen; eine Konstruktion, deren Anfänge bis
in prähistorische Zeiten zurückreichen. Wer sich nicht durch
öfteren Anblick daran gewöhnt hat, ist immer wieder beeindruckt durch diese urtümliche Hausform mit den steilen Dächern, den hohen Firsten und den tief herunterge-

zogenen, weit ausladenden Traufen. Gerade diese tiefliegen-
den Traufen verschaffen als Kontrast zu den mächtigen Dach-
flächen ein begreifbares, ja fast wortwörtlich greifbares
Maß und geben das Gefühl wohnlicher Geborgenheit unter
den breiten Schermen.

Sie sind selten geworden, diese Strohdachhäuser. Man mag
dies bedauern, muß es realistischerweise aber auch ver-
stehen. Schade ist nur, daß nicht irgendwo eine zusammenhängende Gruppe, ein Dorfteil dieser Art, aktiv, nicht
etwa als Museum erhalten werden konnte. Wenn die noch
zahlreichen, nicht mehr mit Stroh versehenen Objekte
wenigstens mit Geradschnittziegeln eingedeckt und die
Traufen nicht mit Kennein vergrößert werden, bleibt die
Aussagekraft dieses Haustyps noch weitgehend erhalten.

Im Wiggertal

Zofingen

Die Stadt, wenn man sie unbefangen, unbelastet von historischen Kenntnissen beschaut, gibt Rätsel auf. Wie konnte sie nur entstehen? Da ist kein nennenswerter Flussübergang, keine Klus, keine beherrschende Anhöhe, nichts, was eine Stadtgründung verständlich machen würde. Und dennoch steht sie da, stolz, wehrhaft und trotz Alterswürde sehr wohlerhalten. Reizvolle Gassen, stille Plätze, stattliche Bürgerhäuser .... Gründe genug, die zum Verweilen locken können.

Rathaus und ehemaliges Zunfthaus am Thutplatz

Zofingen 76

Im Sulzental

Mühen

Aus frühen Jahren kommt mir ein Skizzenblatt in die Hände. Rückblickend erkenne ich, dass es aus der Zeit einer Agonie des Strohdachhauses stammt, da ihrer mehr und mehr teilweise oder ganz mit Ziegeln gedeckt wurden. Heute steht im Dorf noch ein nach einer Brandstiftung neu aufgebautes Haus – als Museum. Wohl seinetwegen geht man nicht an Mühen vorbei. Aber den Zeichenstift vermochte es nicht zu locken. Obwohl man dem Haus einen Speicher zugesellt hat, steht es etwas verfremdet in seiner Umgebung. Und nicht nur das. Wenn man nämlich den Blick wendet, ist unweit des gehüteten Objektes einer jener monströsen Terrassenhäuser wahrzunehmen.

Muhen

Schöftland

Der Schlosshof will und kann beileibe nicht als Kenn-
zeichen für Schöftland genommen werden. Für einmal
war dies einfach eines jener Motive, die um ihrer selbst
willen, mit dem Spiel zwischen Flächigem und Durch-
brochenem, dem Wechsel von Licht und Schatten, zum
Zeichnen locken.

Schöftland, Schlosshof JC
76

Im Wynental

Gränichen

Das, was ich suche und sehen möchte, liegt in dem weit-
läufigen Dorfe nicht auf dem Präsentierteller. Aber es lädt
freundlich ein zum Schnuppern, und rückblickend auf
das, was ich dann vorgefunden habe, scheint mir, dass
in Gränichen Gelegenheit gewesen wäre, jene bereits er-
wähnte zusammenhängende Gruppe von Strohdachhäu-
sern zu erhalten.

Alte Häusergruppe in der Vorstatt

gränichen JE
76

Gränichen. Ehemaliges Strohdachhaus in der Vorstatt

Gränichen 76

Oberkulm

Auch in den verschiedenen Fraktionen von Kulm sind
die – übrigens nicht sehr zahlreichen – Rosinen weit verstreut. Fast zufällig entdecke ich den strohgedeckten Speicher, fraglos ein Museumsstück, das aber niemals aus
der heutigen, natürlichen Lage entfernt werden dürfte.

Oberkulm ℰ 76

Reinach

Offen gestanden hatte ich meine liebe Not mit diesem Ort. Beim Durchwandern gesehen: Alte und neue Industrie, überall verstreut, den Ort durchsetzend — ist es die heute so oft als wünschbar gepriesene Durchmischung? — Wohnbauten aus der Zeit der frühen Fabriken, teilweise ehemalige Bauernhäuser, wenig überschbare Struktur, etwas wild entstanden. Einmal ein ehemaliges Strohdachhaus, noch nahezu in reiner Form, aber ungepflegt und bar jeder Beziehung zur Umgebung. Auch sonst da und dort noch hübsche Einzelheiten, nichts aber ist eigentlich lohnend, sich dabei zu verweilen.

So bleibe ich doch, nach einigem Zögern, an jener Stelle stehen, an welcher die beiden pittoresken „Schneggen" zusammen zu sehen sind. Die zwei Türmchen täuschen zwar — und darum das Zögern — einen Reichtum vor, der dem quantitativen Bestand an Baukunst im Ort nicht eigentlich entspricht.

Reinach
76

Im Seetal

Zwei Hügel markieren den nördlichen Eingang in das Seetal. Auf dem einen steht das wohl bekannteste der aargauischen Schlösser, die Lenzburg, auf dem gegenüberliegenden Staufberg eine in ihren Anfängen uralte Kirchenanlage. Als weitere Berühmtheit im Tal findet sich weiter südlich das Wasserschloss Hallwil.

Angesichts von so viel architektonischer Prominenz ist es geradezu verlockend, einmal zu sehen, was es denn sonst noch gäbe....

Lenzburg

Die Stadt also für einmal — fast — ohne das Schloss, und sogar ohne die prächtige Hauptgasse mit dem markanten Rathaus, als ganzes vom Abhang des Schlossberges aus gesehen.

Lenzburg

Lenzburg. Am Metzgerplatz, mit dem Schlossberg dahinter

Lenzburg 76

Lenzburg. Das alte, herrschaftliche Wohnhaus an der Burg-
halde

Lenzburg 76

Lenzburg. Blick vom Gofi, beim Schlossberg, zum Staufen hinüber

Stauffberg 76 JE

Seon

Eher zufällig stosse ich auf einen wahrscheinlich ebenso
zufällig stehengebliebenen Strohdach-Haustyp. Ein Relikt,
ein Hinweis auf das, was einst in der Gegend für das Bauernhaus typisch war. Zum Glück ist dieser Typ im Seetal noch
öfter anzutreffen.

Beinwil am See

Die Hauptstrasse oben auf der Platte war mir einst eine
Enttäuschung. In Erinnerung geblieben war aber ein
flüchtiger Blick abwärts, wo die Giebel einiger alter Häuser etwas zu versprechen schienen. Ich vermutete einen
alten Strassenzug zum See hinunter, und so nahm ich
dann bei späterer Gelegenheit diesen Weg unter die Füsse.
Das mit dem Strassenzug bestätigte sich, und auch die alten Giebel hielten ihr Versprechen. Aber ich hegte die lei-
se Hoffnung auf ein Fischerdörfchen oder so etwas, und
so stieg ich tiefer und tiefer. Doch das Fischerdörfchen
fand nicht statt, und überhaupt wollte sich kein fass-
bares, geschlossenes Bild ergeben. Schliesslich stand ich
am Ufer und erlebte augenblicklich einen völligen Stim-
mungsumschwung; hinter mir eine nichterfüllte Hoffnung, vor mir das überraschend neue Bild des Sees.

Beinwil JE
76

Im Tal der Bünz

Ein Weiteres, was einen „Fremdling" in Erstaunen versetzt,
ist die Reichhaltigkeit an Bodenschätzen, die im ganzen
Kanton anzutreffen ist. Am augenfälligsten ist ohnehin
bei den Zementfabriken zu ersehen, was mir schon der
Jura an Gestein hergibt. Auch bleibt nicht verborgen, dass
nicht wenige Burgen, Schlösser und Kirchen auf nacktem,
solidem Fels stehen. Aber was sonst noch allenthalben aus
den Hügeln und den weiten Ebenen ausgebeutet wird, ist
von einer Vielfalt, die im „Flachland" nicht leichthin
vermutet werden könnte.

Mägenwil

Die vielleicht eigenmächtige Zuordnung zum Bünztal – die
Geographie ist in dieser Gegend nicht so eindeutig – mag
im Hinblick auf das nahegelegene, ebenfalls „steinreiche"
Othmarsingen entschuldbar sein. Der Mägenwiler Steinbruch möchte stellvertretend für viele ähnliche Orte einen
Blick in die Untergründe unserer schönen grünen Erde
erlauben.

Mägenwil Steinbruch

Boswil

Dieser Ort ist erheblich weiter südlich taleinwärts im obersten Teil des Bünztales zu finden. Dass hier bereits Einflüsse der Innerschweiz spürbar sein würden, war zu erwarten. Verwunderlich ist aber die Intensität dieses Einflusses. Die Bauernhäuser sind von einer typenmässigen Urkraft, wie man sie selbst im Herzen der Innerschweiz nicht ausgesprochener antrifft.

Boswil 76

Boswil. Altes Bauernhaus bei der Kirche

Boswil 76

Im Reusstal

Wem geographie und Geländeformationen nicht völlig gleichgültig sind, der wird die Eigenart nicht übersehen, dass die Reuss nach ihrem gemächlichen, verschlungenen Weg durch das weite Reusstal am Ende, kurz vor ihrer Einmündung in die Aare, in einer einsamen, tiefen Waldschlucht ihren Lauf beschliesst.

Die Betriebsamkeit im mittleren Reusstal ist zwar beträchtlich, aber doch nicht so stark, wie man sie an einem solch ansehnlichen Fluss und im Einflussbereich der benachbarten Städte eigentlich erwarten müsste. Es wird dies mit ein Grund sein, dass die beiden städtebaulichen Glanzpunkte, Mellingen und Bremgarten, visuell und kulturell bis heute sich so gut halten konnten.

Birmenstorf

Das auf einer Terrasse über der erwähnten Reussschlucht gelegene Dorf ist — im Einflussbereich Badens! — verwunderlich gut erhalten in seiner Herkömmlichkeit. Und ganz heimlich hütet es, ebenso überraschend, einen stattlichen Weinberg.

Dorfbrunnen in Birmenstorf

Birmenstorf 76

Mellingen

Mein Interesse galt – bei einem Brückenstädtchen! – natürlich zuerst dem Flussübergang und Stadteingang. Aber die Brücke ist leider derart klotzig und disproportioniert, dass sie mir einfach nicht in das Konzept passen wollte. Doch daneben bietet das Städtchen im Innern und Aeussern so viele reizvolle Aspekte, dass das auf Malerisches erpichte Auge reichlich auf seine Rechnung kommt.

Mellingen At
76

Bremgarten

Was Mellingen hinsichtlich der Brücke abgeht, ist in
Bremgarten umso eindrücklicher vorhanden.
Viel Sehenswertes auch im Städtchen. Nur fällt hier,
wo die von der Brücke durch den Stadtkern führende
Hauptgasse ziemlich steil und gewunden ansteigt,
der irrsinnige Verkehr besonders auf. Diese Fehlent-
wicklung in der Verkehrsführung trifft fast jede alte
Stadt, wird aber von vielen Zeitgenossen offenbar als
unabänderlich hingenommen. Die vorbeidonnernden
Ungeheuer von Lastwagen zerstören jede Wohnlichkeit
und sind eine direkte Bedrohung für das Leben jedes
Strassenbenützers.

Bremgarten
76

Mühlau

Die Skizze aus diesem im südlichsten Teil des weil nach
Südosten ausgreifenden Kantonsgebietes gelegenen Ort will
nichts anderes besagen als die friedlich-harmonische
Einbettung einer Gebäudegruppe — der ehemaligen Mühle —
in ein grünes Tälchen.

Mühlau 76

IM AARGAUISCHEN JURA

Meine Gebietsumschreibung ist vermutlich nicht hieb- und stichfest; sie hält sich summarisch etwa an die visuelle Erscheinungsform der Berge, das heisst, das Gebiet des Kettenjuras, wobei allerdings die Lägern im Osten ausgeklammert bleiben muss. Mit gutem Grunde könnte der Jura-Südhang auch dem Aaretal zugerechnet werden. Andererseits müsste ich mir sagen lassen, dass beispielsweise die weit nordöstlich des Fricktales gelegenen Dörfer Hottwil und Mandach, obwohl diese verkehrsmässig auf das Rheintal hin ausgerichtet sind, aus aargauischer Sicht als ausgesprochene Juradörfer gelten.

Kettenjura bedeutet ziemlich scharf voneinander getrennte Täler und relativ hohe Uebergänge. Danach könnte vermutet werden, dass von Tal zu Tal einige Unterschiede bestünden. Das ist aber – nimmt man wiederum das Bauernhaus zum Vergleich – nicht der Fall. Im Gegenteil: die stilistische Uebereinstimmung ist im Gebiet zwischen Aare und Rhein ziemlich gross.

Küttigen

Behaglich breitet sich das Dorf in seiner Südlage aus. Und
bei dieser sonnigen, geschützten Lage kann es fast nicht
anders sein, als dass auch Reben vorhanden sind. Weinbau
und damit auch entsprechende Attribute in der dörflichen Bauart.

Kuttigen JC
76

Küttigen. Dorfpartie bei der ehemaligen Mühle

Krüttigen JE

Wölflinswil

geruhsame Fahrt — vom Rheintal, genauer gesagt vom
Fricktal her — in ein verborgenes Tal hinein. Anblick eines Kirchhügels mit einer markanten Baugruppe. Gedrun-
gener Kirchturm, wie wenn er sich nicht zu wichtig machen möchte. Und dann, auch hier im hintersten Tal, neue
moderne Schulhäuser, etliches Renoviertes, etliches Zer-
fallendes. Überwiegend bleibt aber der Eindruck von der
Wucht der Giebel, der kraftvollen Erscheinung der hohen
Steinhäuser.

Wölflinswil 76

Wölflinswil. Ehemalige Mühle

Wolfenswil JE
76

Densbüren

Von anderer Art, als etwa das am gleichen Verkehrsweg gelegene Küttigen, ist dieses Dorf jenseits der Staffelegg;
karger, die Häuser im schmalen, waldigen Tal dicht auf-
gereiht an der Strasse, die sich durch etliche Klusen nord-
wärts wendet.

Deusgirn 76

Biberstein

Der Name umfasst nicht nur das Schloss, sondern auch ein Dörfchen und mit diesem eine steil ansteigende, alte Strasse. Der letzteren Bild hätte es mir angetan, hätte mich zum Zeichnen verlockt, wenn... ja wenn nicht unten am Eingang des Dörfchens eine, wie mir schien, dem Orte völlig unangemessene, schrillfarbene und lärmige Vergnügungsstätte in Betrieb gewesen wäre. So zog ich mich eben in einen ruhigeren Winkel zurück und nahm mir, eigentlich entgegen meinen Vorsätzen, das bekannte Schloss vor.

Biberstein

Thalheim

In seltener Uebereinstimmung drückt der Name die Gegebenheiten aus: Ein wohnliches, stilles Wiesental, in welchem sich's so richtig daheim sein lässt. Man nennt es auch Schenkenbergertal, und der Historiker sieht natürlich hinter diesem Namen sofort die berühmte Ruine Schenkenberg wie auch die Ruine und das Schloss Chastelen.

Thalheim 76

Die Kirche von Thalheim

Thalheim E
76

Schinznach - Dorf

Von Rebbergen geht immer wieder eine eigenartige Faszination aus. Man muss dabei nicht unbedingt zuerst an den „Schinznacher", oder wie immer er heissen mag, denken. Das Vergnügen ist nicht minder visueller Art und beruht offenbar auf dem Umstand, dass Weingärten steiles, besonders hochkultiviertes Land sind, was sich in Terrassierungen, Treppenwegen, Mauern und Rebhäuschen äussert. Und dann sind auch die Dörfer nie sehr weit von ihnen entfernt, so dass sich meistens optische Beziehungen zwischen den Rebhängen und den fast ausnahmslos sehr alten, sehr kraftvollen Bauten ergeben.

Schinznach - Dorf

Hottwil

In dieses Dorf bin ich offensichtlich zu spät gekommen. Die Dorfstrasse ist kürzlich ausgebaut worden. Brand- neu präsentieren sich lange Betonstützmauern, Trottoir- randsteine, Asphaltflächen, einmündende Nebenstras- sen, Garagezufahrten — mit normgerechten Ausrun- dungen und Sichtwinkeln, versteht sich. Das Ganze mag eine funktionstüchtige Verkehrsanlage sein, nur eines ist es nicht mehr; Eine Dorfstrasse. Sicher hat etliches, und wenn es nur Vorgärten gewesen wären, dem Strassenausbau weichen müssen. Man spürt das. Die verbliebenen Häuser stehen sonderbar dispropor- tioniert und beziehungslos an der neuen, breiten Schneise.

Fragwürdiger Trost, nicht zu wissen, was vordem gewe- sen, was verloren gegangen ist.

Geblieben sind, wenn auch verstreut, aber unübersch- bar, einige markante Giebel und Firste.

Hottwil 76

Mandach

Zur heissen Mittagszeit wandere ich durch das Dorf. Es liegt
am oberen Ende eines gewundenen, sich dann zur offenen
Mulde erweiternden Tales. Nun ja; nichts Erregendes, nichts,
das mich auf der Stelle aufhalten könnte. Ich entschliesse
mich, einen nahen Hügel zu ersteigen, um vielleicht eine
Gesamtschau zu gewinnen, mache den Umweg über einen
Rebhang und finde schliesslich den erhofften Schattenplatz
unter einem wilden Kirschbaum.
Die dann entstandene Skizze erinnert mich an einen glasti-
gen Sommertag, an Insektengesumm und flimmernde
Wärme. Das Licht war so intensiv, dass es selbst die Schatten von Häusern und Bäumen, die doch im Gegenlicht
sehr markant hätten sein sollen, aufzulösen schien.

Mandach J 76

IM RHEINTAL UND SEINEN NEBENTÄLERN

Es ist wohl das Schicksal aller grossen Ströme, dass sie irgendwie genützt werden, sei es durch Schiffahrt, durch Kraftwerke, oder dass sich an ihnen Industrie ansiedelt. Auch ,unser' Rhein ist davon nicht verschont geblieben. Gleich jedoch darf beigefügt werden, dass – einstweilen – noch viel natürliche, landschaftliche Schönheit geblieben ist. Geblieben sind auch die etlichen Grenz- und Brücken-städtchen, die heute noch als kulturelle Schwerpunkte empfunden werden. Und sie sind erstaunlich gut erhalten, diese Städtchen, von denen jedes eine Reise wert ist.

Eine besondere Bewandtnis für mich hatte es mit den südlichen Seitentälern. Dem Durchschnitts-Ostschweizer sind sie – das Fricktal vielleicht ausgenommen – abgelegenes, unbekanntes Land. Nirgends sonst wie bei diesen Tälern bin ich so voller Erwartungen, voller Entdeckungsfreude hineingefahren, hoffend auf irgendwelche Wunder, etwa dergestalt, dass die Zeit da oder dort stillgestanden wäre.

Um eines vorwegzunehmen: Aus jedem dieser Täler bin ich reich an landschaftlichen Eindrücken zurückgekommen. Es sind gewiss keine sensationellen oder heroischen Landschaften, meist aber stille, reizvoll-intime Wiesentäler, die irgendwie beim letzten Dorf in einer Geländemulde enden, von welcher aus dann Bergstrassen über die Jura-höhen oder in die Nachbartäler führen.

Und jenes andere? Nun, ein Wunder hat nirgends stattgefunden. Ich muss sogar gestehen, dass ich aus einigen

Tälern, was das Kulturelle anbelangt, leer, enttäuscht zurückgekommen bin. Das will nicht Kritik oder Abschätzigkeit sein; es ist eher so etwas wie ein Nasenstüber auf eine höchst subjektive Wundergläubigkeit. Aber welcher Mensch sucht nicht trotz allen Enttäuschungen bewußt oder unbewußt zeitlebens nach dem verlorenen Paradies? Natürlich hatte ich zuviel erwartet, und weil das „viel" dann nicht vorhanden war, achtete ich auch nicht, oder zu wenig, auf die kleinen Schönheiten, die in irgend einer Art überall zu finden sind.

Das war der vorherrschende Eindruck: Der Wohlstand hat nirgends haltgemacht, ist — in unterschiedlichem Maße freilich — ins letzte Tal, ins hinterste Dorf eingedrungen. Neue Schulhäuser, Schwimmbäder, Wohnbauten in den Dörfern, Renovationen und viel Kleinzeugs, Garagen und dergleichen. So weit, so gut; wenn nur die ästhetische Qualität des Neuen mit der traditionellen Kultur Schritt gehalten hätte. Aber da hapert es. Eine Pflicht zur Einordnung in ein harmonisches Ganzes scheint weitherum unbekannt zu sein. Nur ein kleines, aber auffälliges Detail: In manchen Dörfern hat man den Eindruck, die ganze Bevölkerung sei versessen auf neue Fenster an ihren Häusern. Sprossenlose Fenster, versteht sich. Und niemand scheint mehr zu zu sehen, was mit den entstehenden groben Löchern an Wohllautender Maßstäblichkeit kaputtgemacht wird.

Etwas Tröstliches nahm ich aber doch mit: Es war erfreulich, festzustellen, daß in den Tälern sich das Uebel der Streusiedlungen nicht im selben Maße wie anderswo eingeschlichen hat,

Und ein anderes war auch hier unübersehbar: Das allgegenwärtige Auto. Was dieses, oder allgemeiner gesagt, die Motorisierung, denn die Landwirtschaft ist davon nicht ausgenommen, an Veränderungen in den Lebensgewohnheiten und im Bild der Siedlungen mit sich bringt, ist vielen Zeitgenossen überhaupt nicht bewusst.

Der Wohlstand oder die leichtere Verdienstmöglichkeit in der Fabrik mögen auch Ursache sein für die Aufgabe vieler Bauernbetriebe. Sie stimmen nachdenklich, diese ihrem Zweck entfremdeten Häuser. An der Wand noch ein Wagenrad als Zierde, Scheune mit Garagetor, leere Mistgrube, im sympathischsten Fall noch als Blumenbeet angelegt, bald genug ein betonierter Autoabstellplatz. Kein Miststock – keine Mücken; keine Mücken – keine Schwalben. An einem ehemaligen Bauernhaus zähle ich zwanzig Schwalbennester, aber keine einzige Schwalbe. Die Welt wird irgendwie ärmer.

Am Rande vermerkt noch eine Eigenheit des Reisens in dieser Region. Das Rheintal ist bekanntlich durch eine Bahnlinie bedient, die Täler aber fast ausnahmslos durch Postautos. Ich habe diese Verkehrsmittel oft benützt, unter anderen an prachtvollen Frühlings- und Vorsommer-Feiertagen, und war nicht selten alleiniger Passagier im Auto oder Bahncoupé. Und dies an Tagen, da man am Radio von verstopften Strassen und wartenden Autokolonnen hören konnte. Von den mit den öffentlichen Verkehrsmitteln gebotenen Möglichkeiten scheinen nicht einmal die Einheimischen Kenntnis zu nehmen.

Einmal sass ich zeichnend am Ufer des Rheins, offenbar unter einer Luftschneise des Flughafens Kloten, denn es war

ein unaufhörliches Zu- und Wegfliegen. Unterdem huschte
unversehens der Schatten eines dieser Flugzeuge über das
Blatt, und für einen Moment musste ich an die Menschen
dort oben denken und daran, wohin wohl sie das Paradies suchen gingen.

Römische Säule in Kaiseraugst

Wenn mit den Darstellungen im, nebenbei gesagt, erstaunlich weit ins Baselbiet ausgreifenden Westen begonnen wird, müsste am Anfang das verzeichnet werden, was von den Römern hinterlassen würde. Und dies
nur, um die gewaltige Spanne an Geschichte und Kultur vom Damals zum Heute anzudeuten, die nicht nur
hinter dem Sichtbaren, sondern weit mehr noch hinter dem
Unsichtbaren steht.

Kaiseraugst

Rheinfelden

Alte Städtchen mögen sich in ihrer Struktur oftmals ähnlich sein — man kennt die Elemente ja: Ringmauer, Tore, Hauptgasse, Rathaus, Stadtkirche und anderes —, an Rheinfelden einzigartig ist aber die herrlich abgewinkelte Brücke, die über eine den hier sehr ansehnlich breiten Strom unterteilende Insel führt.

Rheinfelden 76

Das Dorf Z.

Sein Name bleibe verschwiegen; die Sache dort ist passiert und irreparabel. Und vielleicht haben die Initianten oder eher noch die Einwohner inzwischen selbst eingesehen, dass in ihrem Dorf in blindem Fortschrittsglauben ein schlimmes Faux-pas begangen wurde.

Die Fahrt in das grüne Tal hinein war hübsch, und ich gewahrte dann zuerst die ungestörte Silhouette des Dorfes, überragt vom Käsbissenturm der Kirche. Dann aber, unmittelbar bei der Einfahrt in das Dorf: Welcher Anblick! Am steilen Hang zur Linken, der aus der Talsohle unvermittelt ansteigt, mit der Basis unmittelbar an der Dorfstrasse beginnend, wo vermutlich einige Altbauten weichen mussten, türmen sich Terrassenhäuser auf. Vier oder fünf Zeilen, jede an die zwölf Etagen hoch, eine komplette Betonwand. Noch selten habe ich einen derartigen Schock erlebt wie beim Anblick dieser brutalen Konfrontation zweier völlig verschiedener Siedlungsformen. Meine erste Reaktion war, das Ungeheuerliche an dieser Situation bildhaft darzustellen, etwa im Blick über das Dorf hinweg auf die Terrassenhäuser. Aber getreu dem Vorsatz, nicht das Unerfreuliche aufzuzeigen, beschränkte ich mich auf das Dorf, zeichnete es vom obersten Rand der besagten Neubauten, deren Bewohner nun diesen Ausblick konsumieren, während den Dörflern der ständige Anblick einer Betonmauer verbleibt statt des einstigen grünen Hanges.

Das Dorf Z K
76

Wegenstetten

Harmonisch, weder mit störenden noch erregenden Akzen-
ten befrachtet, ist das schlichte Dorf eingebettet in eine
jener erwähnten Talmulden am Nordfuss des Juras.

Wegenstetten 76

Mumpf

Nicht selten kommt es vor, dass bei flüchtigem Vorbei-
fahren ein Motiv, etwa ein Dorf mit seiner Giebel- oder
Dachlandschaft anspricht, etwas verspricht. Und man
erlebt dann, wenn man es aufsucht, dass sich der Ge-
samteindruck verflüchtigt, sich auflöst in Einzelheiten, die vielleicht an sich reizvoll, manchmal auch
störend sind, sich jedenfalls aber nicht zum erwarte-
ten, schönen Ganzen fügen.
So blieb ich in Mumpf eben vor einer Einzelpartie stehen, die, wie mir schien, immerhin etwas Typisches zeigte.

Mumpf JE 76

Stein - Säckingen

Die wundervolle gedeckte Holzbrücke nach Säckingen hinüber müsste mit Superlativen beschrieben werden. Sie findet
kaum ihresgleichen. Bleibt nur die eine Frage: Wie konnte
dieses grosse Bauwerk überhaupt entstehen, da auf Schwei-
zerseite weit und breit keine grössere Siedlung, kein nennenswerter Brückenkopf, ja nicht einmal die Fortsetzung
einer reputierlichen Landstrasse bestand?
Stein selbst hat heute zwar eine verkehrsmässige, nicht aber
eine geographische oder bauliche Beziehung zur Brücke.
Im Ort ist der Verkehr trotz der nahen Autobahn leider immer
noch so lebhaft, dass man nicht so recht in den Genuss des
leidlich ansprechenden Bildes der Hauptstrasse kommt. Es
blieb — einmal mehr — der wohnlichere Aspekt der den Gär-
ten zugewandten Rückseite.

Rheinbrücke Stein-
Säckingen

76

Sisseln

Viele Zeitgenossen werden den Begriff „Sisseln" eher mit
Chemie und entsprechenden Grossbauten identifizieren.
In der Tat sind diese Anlagen in der weiten Rheinebene do-
minierend. Nebst den obligat dazugehörenden Neusied-
lungen. Das eigentliche, alte Sisseln, ein ehemaliges Fischer-
dorf, duckt sich enggedrängt auf schmaler Plattform zwischen die Rheinböschung und das Ufer.

Hornussen

Der Blick in die Dorfstrasse hinein erfüllt die Erwartungen,
die schon beim Zuwandern von der Bahnstation her ge-
weckt werden. Ueberraschend ist dann aber doch, im Dorf
reiche, profane Gotik zu begegnen.

Hornussen 76

Laufenburg

Die Prädestination zu einer Brücke und Brückenstadt ist
hier, wo sich der Rhein zwischen verengenden Felsen durch-
zwängt und zu rascherem Lauf gezwungen ist, augenfällig. Sie findet eine Parallele von gleicher Eindrücklichkeit nur noch in Brügg.

Laufenburg 76

Ueber den Dächern von Laufenburg

Ueber den Dächern von
Laufenburg   JE 76

Kaisten

Wen wundert's, wenn man nach einem Rundgang durch
ein Dorf, feststellend, daß kaum ein Haus ohne Verän-
derung geblieben ist und die Straßenfronten mehr und
mehr auf den Verkehr und auf „modern" ausgerichtet
sind, ja wenn man dann stehen bleibt vor der gegen
die Pünten ausgerichteten Hinterseite der Straßenzeilen, weil
man dort, abseits von Architektur und Repräsentation,
echter, ansprechender Wohnlichkeit begegnet?

Kaisten JC
76

Klingnau

Ich wage eine – vielleicht eigenmächtige – Definition und zähle Klingnau zu den wehrhaften Rheinstädtchen, besteht doch der Eindruck, dass die mächtige Stromlandschaft beim Zusammenfluss von Rhein und Aare nicht zu bewältigen gewesen sei und sich deshalb die Wehrstellung ein wenig weiter aareaufwärts etabliert hätte. Dort fand sich ein linsenförmiger Geländesporn am Fuss des ostseitigen, halbschalenförmigen Hügelzüges. Platz für ein kleines, aber veritables Städtchen, mit richtig torartigen Eingängen, einem Schloss und zwei Hauptgassen, der Schattengass und Sonnengass, mitten drin die Kirche.

Ja die Kirche: fast etwas irritierend mit ihrer eher dörflichen Allüre, aber viel zu sehr, zu modern renoviert. Kopfsteinpflaster und rahmenlose Glastüren; gewiss verblüffende Kontraste, aber sind sie hier am richtigen Ort? Die Hälfte des Aufwandes hätte dem vernachlässigten Schloss zukommen sollen.

Kleinmau 76

Lengnau und Endingen

Die beiden Dörfer sind eine konfessionelle Merkwürdigkeit,
wurden sie doch einst den Juden als Asylorte zugewiesen. In
beiden Orten stehen ziemlich grosse Synagogen, in Endingen da-
gegen keine Kirche.

Den weiten Gang über Land zu dem zwischen den beiden
Dörfern gelegenen jüdischen Friedhof liess ich mir nicht
entgehen. Der spürbare Hauch von Geschichte, der einem
dort entgegentritt, ist beeindruckend.

Lengnau JE
76

Endingen, im alten
Judenfriedhof JH 76

Zurzach

Dieser Ort bietet erstaunlich viel, und zwar auf ganz verschiedene Weise. Ich wüsste kaum zu sagen, was mich stärker beeindruckt hat: die schönen Strassenbilder, die Zeugen früher Industrie, der atemraubend hochragende Chor der Kirche... Es ist merkwürdig, dass es der einst als Messe- und Marktort bedeutende Flecken nicht zum Stadtrecht gebracht hat. Trotzdem nehme ich mir – einmal mehr – die Freiheit heraus, Zurzach dennoch zu den wehrhaften Grenz- und Brückenorten zu zählen. Nicht die heute zwar bestehende Brücke, welche übrigens keine sichtbare Beziehung zum Ort hat, sondern viel frühere Zeugen, wie das römische Castellum und das typische Bild der von der Lände am Ufer steil ansteigenden Strasse, die auf einen einstigen lebhaften Fähr- oder Schiffsbetrieb schliessen lassen, veranlassen mich zu dieser Annahme.

Zurzach. Stiftskirche St. Verena

Zurzach H
76

Zurzach. Die alten Salinentürme. Industrie-Denkmäler!

Zurzach J&
76

Rheinlandschaft bei Zurzach

Rheinlandschaft bei Zurzach
JC 76

Rekingen

Man würde dem Dörfchen nicht gerecht, wollte man es identifizieren mit Industrie. Seine herkömmliche Substanz ist weitgehend intakt, hübsch und gepflegt, das wenige Neue rücksichtsvoll eingepasst. Die neue Zementfabrik selbst steht in respektabler Entfernung.

Und eben diese Fabrikanlage: der riesige Komplex ist vorbildlich sauber angelegt und gestaltet, die Bauten kristallklar, wenn auch streng und hart. Dass sie alle begreifbaren Maße übersteigen, das allerdings mag als Hypothek für die Landschaft betrachtet werden.

Rekingen 76

Kaiserstühl

Von allen Rheinstädtchen ist Kaiserstühl, im äussersten
nordöstlichen Zipfel des Kantons, in seiner historischen
baulichen Substanz am besten erhalten geblieben. Vielleicht beruht dieser Eindruck auch darauf, dass das
Städtchen selbst von aussen her noch weitgehend als
Ganzes erfassbar, dass es also nicht mit Neuquartieren
ummauert ist. Und das allein hat heute schon Selten-
heitswert.

Kaiserstuhl
76

Ich beschliesse – einstweilen – meine Streifereien durch den Aargau unter dem Eindruck und mit dem Gefühl, nur gerade oberflächlich geschnuppert zu haben an einer schier unerschöpflichen Vielfalt von landschaftlichen und baulichen Motiven. Vielleicht vermag der in diesen Blättern dargestellte kleine Ausschnitt manchem Betrachter die Augen zu öffnen für das, was es allenthalben zu sehen und zu schätzen gäbe.

Der hl. Nepomuk auf der Rheinbrücke in Kaiserstuhl

Kaiserstühl 76

Auf der nebenstehenden Kartenskizze sind nur jene Orte
eingezeichnet, von denen im Buch Zeichnungen enthalten
sind. Die Wahl der Orte war sehr subjektiv, sehr zufällig,
wie es sich aus Stimmung und Gelegenheit gerade ergab.
Wenn nun geographisch da und dort Lücken bestehen:
Sind nicht weiße Flecken auf Landkarten von jeher ein
Anreiz zu eigenen Erkundungen gewesen? Es wäre erfreulich, wenn mancher Leser dazu animiert würde.

Die Herausgabe dieses Buches wurde angeregt und ermöglicht durch die Ad. Schäfer & Cie. AG. Aarau.